RATUS POCHE

COLLECTION DIRIGÉE PAR Jeanine et Jean Guion

En plus de l'histoire :
— des mots expliqués pour t'aider à lire,
— des dessins avec des questions
pour tester ta lecture.

● ● ● ● ● ● ● ● ● ● ● ● ● ●

© Hatier Paris 1997, ISSN 1259 4652, ISBN 2-218 71892-8

Danger pour Adrien

Une histoire d'Olivier Daniel
illustrée par Dupuy-Berberian

HATIER

Mme Levasseur

Adrien Levasseur

Les personnages de l'histoire

1

Ce mercredi-là, il pleuvait. Adrien Levasseur était seul. Il regardait les gouttes courir le long de la fenêtre de sa chambre. Il pensa à son père qui s'était envolé le matin même pour un voyage d'affaires à New York, aux États-Unis. En ce moment, M. Levasseur était au-dessus des nuages. Un jour, il emmènerait son fils en avion, avec lui. Il le lui avait promis. En attendant, Adrien s'ennuyait. Il ne savait pas quoi faire.

Sa mère, partie pour la journée voir une vieille tante malade, ne reviendrait que le soir, après le dîner. Dans le réfrigérateur, il y avait du jambon, des saucisses, des tomates, du gruyère, des yaourts. Adrien mangerait quand il le voudrait. La seule chose interdite, c'était d'ouvrir la porte du jardin et de sortir. Il s'en moquait. Il pleuvait trop.

Il quitta sa chambre, descendit dans la salle à manger, s'assit sur le fauteuil de son père, prit la télécommande de la télévision, alluma le poste. Puis il attrapa un magazine de sa mère, le feuilleta, s'arrêta sur un article intitulé : « Dix façons de cuisiner le chou-fleur ». Il détestait le chou-fleur, grimaça, referma le magazine.

Adrien leva les yeux vers la télévision et vit une jeune femme allongée sur une plage. La plage était déserte. La jeune femme lisait un roman. Soudain, Adrien aperçut un homme qui marchait vers elle. Elle lui tournait le dos. On entendit les premières notes d'une musique inquiétante. L'homme était fort, très fort, avec des sourcils noirs, épais. Et la jeune femme continuait de lire. Et l'homme s'approchait d'elle, à pas de loup. La musique avait maintenant des accents terrifiants. Adrien commença à se ronger les ongles. Pourquoi ne pas éteindre le poste avant que l'homme n'attaque la jeune femme ? Elle se mit à crier. Il éteignit enfin. Mais il était trop tard : la peur était en lui…

Il remonta dans sa chambre, s'y enferma à double tour, se cacha sous son lit, se boucha les oreilles, comme du temps de Mlle Vergnes. Mlle Vergnes… En se souvenant de ce nom, Adrien frémit. Cela faisait pourtant plus de deux ans que la vieille dame était partie, avec son sac en peau de lézard et son odeur de feuille morte. Gardait-elle aujourd'hui un autre

À la télévision, qu'est-ce qui fait peur à Adrien ?

enfant qu'elle privait de repas à la première bêtise ? Mlle Vergnes… Adrien pourrait-il oublier cette femme sans cœur, aux joues ridées, à la voix menaçante, au regard inquiétant… Le même regard que l'homme, à la télévision…

Il sortit de sa cachette, secoua la tête, respira profondément. Il devait chasser la peur de son esprit. Il ne voulait plus trembler pour rien.

Il regarda par la fenêtre. Un rayon de soleil parvint à percer les nuages et fit briller les gouttes de pluie sur la pelouse du jardin. Elles évoquaient les petites lumières qui bordent les pistes d'atterrissage, dans les aéroports. Adrien s'imagina en avion, avec son père…

« Ah ! si papa pouvait venir, songea-t-il, je me sentirais mieux. »

Soudain, il sursauta. La sonnerie aiguë du téléphone venait de retentir. Était-ce sa mère qui l'appelait pour le prévenir de son arrivée chez la vieille tante malade ? Il quitta sa chambre et descendit en courant l'escalier qui menait à la salle à manger.

2

Juste avant de décrocher le téléphone, Adrien se dit que sa mère ne pouvait pas être déjà arrivée car elle était partie depuis une heure seulement, au volant de sa voiture. Or, la vieille tante malade habitait à deux cents kilomètres de là. Combien de temps fallait-il pour parcourir une telle distance à bord d'un véhicule dont la vitesse moyenne était de quatre-vingts kilomètres à l'heure ? Adrien fronça les sourcils. Il n'avait pas envie de faire des mathématiques. D'autant qu'il voyait à présent, par la fenêtre de la pièce, un homme qui l'intriguait.

2

Et le téléphone sonnait toujours. Qui

Que voit Adrien par la fenêtre de sa maison ?

pouvait bien appeler ? Mlle Vergnes ? Que de mauvais souvenirs… Pourquoi ses parents avaient-ils choisi une femme aussi méchante pour le garder ? Pourquoi, pendant deux longues années, étaient-ils restés sourds à ses plaintes ? L'un et l'autre, 3 il est vrai, avaient beaucoup de travail…

Et le téléphone sonnait encore. S'il répondait, on saurait qu'il était seul. Mais s'il ne répondait pas, on penserait que la maison était vide. Cette sonnerie devenait très inquiétante ; tout comme devenait très inquiétante la façon dont l'homme, dans la rue, regardait vers la maison. S'agissait-il d'un voleur ? Il en avait tout l'air avec le curieux instrument qui lui servait de viseur. Que cherchait-il à voir ? 4 Adrien se coucha par terre, rampa jusqu'à la fenêtre, jeta un œil dans la rue.

Le téléphone ne sonnait plus. Et l'homme, maintenant, n'était plus seul. Un autre l'avait rejoint. D'où venait-il, celui-là ?… D'une cabine téléphonique ! C'était lui qui avait dû appeler… Adrien se mordit la langue. Il avait envie de crier, mais il ne fallait pas qu'il crie. Pourtant, dans moins de trois minutes, les cambrioleurs seraient chez lui. Il se mit à ramper en direction de l'escalier.

Il se sentait perdu, plus seul que jamais. Même ses voisins, les Kowalsky, l'avaient abandonné. Ils étaient partis se reposer dans un hôtel en Normandie, emmenant avec eux leur gros chien Mardor. Et ce n'était pas son chat qui lui viendrait en aide : il sommeillait dans son panier !

Adrien, à présent, avait les larmes aux yeux. Les voleurs lui feraient-ils du mal ?

Que pouvait un enfant contre deux hommes ?

C'est alors qu'il se rappela un film américain, vu au cinéma. On y racontait l'histoire d'un petit garçon resté seul chez lui. Deux voleurs voulaient s'introduire dans sa maison, mais il leur tendait mille pièges. Et si lui, Adrien Levasseur, s'inspirait de cet exemple ? Si lui aussi tendait des pièges ?

L'affaire était risquée mais valait le coup d'être tentée. Après tout, il ne serait pas dit qu'il se rendrait sans combattre. On allait voir ce qu'on allait voir. Adrien se redressa d'un bond, courut vers la fenêtre, vit que les deux hommes étaient toujours là, en train de comploter. L'un était grand et mince, l'autre petit et gros. Exactement comme dans le film…

5

*Pourquoi Adrien se cache-t-il derrière
le fauteuil ?*

– Vous ne me faites pas peur, dit-il à haute voix pour se donner du courage.

Soudain, il sursauta et partit se cacher derrière le fauteuil de son père. Il venait de sentir une présence dans son dos. Oui, il en était sûr : quelque chose l'avait frôlé, quelque chose qu'il n'osait pas regarder en face.

Il tremblait de tous ses membres, recroquevillé derrière le fauteuil, les mains sur la tête. Car la chose marchait vers lui. Il l'entendait à peine mais l'entendait tout de même. Il allait hurler lorsque cette chose-là se frotta contre son pantalon : il reconnut son chat et poussa un gros soupir.

– Suis-je bête, marmonna Adrien.

Et il se releva pour aller dresser son premier piège anti-voleurs.

3

Il se précipita dans le cagibi de son père, situé sous l'escalier. Là, M. Levasseur rangeait tous les outils dont il avait besoin pour bricoler. Adrien s'empara d'une cinquantaine de petits clous, qu'il disposa ensuite devant chaque fenêtre et chaque porte du rez-de-chaussée. Les cambrioleurs, quand ils marcheraient dessus, hurleraient de douleur. Après cela, furieux, ils monteraient quatre à quatre les marches de l'escalier pour débusquer l'auteur de ce tour pendable. Seulement, sur l'escalier, Adrien avait prévu de laisser traîner quelques billes. Et les voleurs dégringoleraient, pareils à de grandes marionnettes dont on aurait coupé les fils. Le spectacle serait très réussi, surtout si, pour finir, les intrus étaient capturés.

8

– J'ai ce qu'il me faut, dit Adrien en se souvenant que, dans un placard, se trouvait un filet de pêche ramené de Bretagne par son père.

Il mit donc ses projets à exécution. Placer les billes sur l'escalier ne fut pas difficile. Mais déplier le filet et le tendre à deux mètres de hauteur, sur le palier du premier étage, fut autrement plus compliqué. Adrien dut s'y reprendre à plusieurs fois. Il parvint à ses fins grâce à 9 quatre morceaux de bois dénichés dans le grenier. Puis, autour d'un des pieux, il attacha une corde sur laquelle il tirerait le moment venu. Et le filet tomberait sur les deux malfaiteurs !

Avec quels objets Adrien veut-il arrêter les voleurs ?

Il ne lui resterait plus qu'à courir dans les rues pour demander du secours. Les gens viendraient l'aider. On le réconforterait. On le mettrait hors de danger. Et on lui poserait cette question :

« Mais comment as-tu fait pour capturer ces deux bandits ? »

Bien sûr, jamais il ne dirait qu'il s'était inspiré d'un film. Il répondrait que l'idée des clous, des billes et du filet lui était venue naturellement, comme ça, sans réfléchir. On le féliciterait. On le porterait en triomphe. Peut-être aurait-il droit à une médaille en or ? La médaille du courage…

Adrien alla voir par la fenêtre de sa chambre ce qui se passait dehors. Il pleuvait de plus belle. Un vrai déluge. Quant aux voleurs, ils avaient déserté la rue. Pas besoin d'être un grand sorcier pour savoir où ils se trouvaient : dans le jardin, bien sûr ! Et bientôt ils pénétreraient dans la maison. Briseraient-ils une vitre ?

Adrien se frappa le front. Il se souvenait maintenant que la porte de la cuisine n'était pas fermée à clé. Il s'élança vers l'escalier, glissa sur une bille, voulut se cramponner à la rampe, perdit tout à fait l'équilibre et roula sur lui-même dans un fracas assourdissant. Il cria. Puis il ne bougea plus. Il était sur le dos, incapable de se redresser, comme une tortue retournée.

– Je ne peux pas rester là, finit-il par se dire.

Il se releva en se frictionnant les coudes et, d'un pas chancelant, gagna la cuisine. Il se précipita vers la porte qui donne sur le jardin et la ferma à double tour. Au passage, il marcha sur les petits clous et réalisa qu'ils ne servaient à rien. Leurs pointes s'étaient enfoncées légèrement dans les semelles de ses chaussures, sans provoquer la moindre gêne.

– C'est terrible, songea Adrien. Les voleurs vont me faire prisonnier…

Il était dans un état de panique totale. Pourquoi ne prévenait-il pas sa mère ? Le numéro de téléphone de la vieille tante malade était sur un carnet d'adresses, rangé habituellement sous la télévision, dans un meuble en bois clair. Il revit la jeune femme allongée sur le sable, et l'homme aux sourcils noirs qui avançait vers elle. Plus jamais il ne regarderait seul un film à la télévision.

Il ne trouva pas ce qu'il cherchait, en fut à moitié étonné. Sa mère rangeait rarement les choses à leur place. La veille,

Que fait Adrien quand il entend la sonnerie de la porte du jardin ?

elle avait perdu sa carte d'identité. La semaine dernière, il lui avait fallu pas moins d'une demi-heure pour remettre la main sur ses clés de voiture… Adrien fouillait à présent dans les tiroirs d'une commode. C'est alors qu'une sonnerie retentit, plus grave que celle du téléphone : la sonnerie de la porte du jardin !

Adrien se coucha par terre, rampa vers la fenêtre, vit le grand mince et le petit gros, avec leurs curieux appareils. À quoi pouvaient bien servir cette longue perche inquiétante et cette espèce de caméra que l'un et l'autre brandissaient ?

12

Adrien se souvint d'un film où deux hommes, équipés de curieux instruments, sonnaient chez les gens. On leur ouvrait. Ils vous regardaient. Et leurs regards, en un instant, s'emparaient de votre esprit.

Vous deveniez leur esclave, l'esclave des extraterrestres. Car les étranges visiteurs et leurs très curieux instruments venaient d'une planète lointaine pour conquérir la Terre…

Adrien rampa vers l'escalier dont il gravit les marches en évitant les billes. Puis il se réfugia dans sa chambre.

4

Les extraterrestres sonnèrent un bon moment à la porte du jardin. Ils savaient parfaitement qu'Adrien était là. Ils savaient tout. Et rien ne leur résistait. Ils n'avaient que faire des clous, des billes, du filet de pêche. Ils avaient des pouvoirs surnaturels.

Dans le film, le seul moyen de leur échapper était de ne pas les regarder. Mais ils utilisaient mille ruses pour attirer votre attention. Ils pouvaient prendre, par exemple, l'apparence de l'un de vos parents. Ou ils se transformaient en chat, en chien ou en oiseau. Le mieux, dans ces conditions, était de fermer les yeux.

Mais dans le film, seul un petit garçon

13

D'après Adrien, que veulent
les extraterrestres ?

parvenait à tromper leur vigilance et à sauver le monde. Alors Adrien jeta un œil par la fenêtre. Le brouillard était tombé maintenant, un brouillard à couper au couteau. C'était à peine si on voyait les arbres dans la rue. Bientôt on ne verrait plus rien. Car ce brouillard n'était pas un brouillard ordinaire. Non ! C'était une fumée venue de l'espace que les extraterrestres répandaient pour être tranquilles. Et pourquoi voulaient-ils être tranquilles ? Tout simplement pour s'emparer de la maison des Levasseur. Ensuite, ils dresseraient un plan d'attaque pour envahir la Terre.

Effrayé, Adrien décida de fermer les yeux, déterminé à ne pas les rouvrir avant longtemps. Peut-être même ne les rouvrirait-il plus jamais, à moins que les extraterrestres ne le chatouillent sous les bras. Il craignait fort les chatouilles, au point que sa mère avait dû renoncer à lui en faire. Sans quoi il perdait ses moyens. Il ne fallait pas qu'il les perde. Rester maître de soi, telle devait être sa devise. Il respira profondément et décida de s'entraîner à se déplacer les yeux fermés.

Il se leva de son lit, fit deux pas en avant, s'arrêta. À deux mètres, sur sa gauche, se trouvait son bureau. On l'avait installé près de la fenêtre de sa chambre, non loin d'une bibliothèque que son père lui avait offerte.

Les yeux toujours fermés, il se tourna sur sa droite, se dit que, devant lui, à environ trois mètres, trônait son coffre à jouets. Tout près de là était posée une grande armoire sous laquelle il cachait parfois des vêtements tachés de boue qu'il n'osait pas montrer de peur d'être puni. Mais que les punitions de ses parents lui parurent douces, tout à coup, par rapport aux menaces qui pesaient sur ses épaules ! D'autant que ni sa mère ni son père ne levaient jamais la main sur lui. Les extraterrestres, quant à eux, s'aviseraient-ils de le toucher avec leurs doigts gluants et froids ?

Adrien se ressaisit, fit un demi-tour à droite, se mit en marche. Si sa mémoire était exacte et s'il ne déviait pas de sa route, il atteindrait la porte dans cinq pas. Mais au quatrième pas, il heurta de plein fouet les rayons de sa bibliothèque. Il se fit mal au nez, rouvrit les paupières.

Il fut paniqué à l'idée de ne pas savoir s'orienter les yeux fermés dans une pièce qu'il connaissait comme sa poche. En cas

15

Avec qui Adrien voit-il sa mère ?

de course-poursuite dans la maison, que ferait-il avec les extraterrestres à ses trousses ? C'était une question de vie ou de mort.

Il se mit donc en tête de recommencer l'expérience et retourna s'asseoir sur le bord de son lit. Mais des voix l'intriguèrent. Elles venaient du jardin. Il s'approcha lentement de la fenêtre et vit sa mère. Sa mère en compagnie des extraterrestres ! Elle leur parlait. Ils la regardaient. Elle était devenue leur esclave…

Adrien sortit de sa chambre et courut jusqu'à un petit escalier en colimaçon qui menait au grenier. Dans sa précipitation, il percuta l'un des morceaux de bois sur lesquels reposait le filet de pêche. Par chance, le filet était troué, et il s'en dégagea rapidement.

5

Il se cacha au plus profond du grenier, derrière un amoncellement de matelas rongés par l'humidité. La rumeur d'une conversation lui parvint du rez-de-chaussée, mais il ne réussit pas à comprendre ce qui se disait. Sans doute sa mère avait-elle fait entrer les envahisseurs dans la cuisine, pour qu'ils déploient leurs curieux instruments. Objectif de la manœuvre : communiquer avec leurs semblables.

– Adrien !… Adrien, où es-tu ?

Mme Levasseur criait à pleins poumons. Ses maîtres lui avaient sûrement donné l'ordre de récupérer son fils au plus vite. Ils ne voulaient pas de témoin gênant pour mener à bien leur sinistre projet.

– Mon chéri ? Mon gros lapin ? Houhou…
Tu ne sais pas ce qui m'est arrivé ?

« Oui, je sais ce qui t'est arrivé, pensa
Adrien. Les extraterrestres t'ont capturée
chez la vieille tante malade, et désormais tu
es à leur service. Maintenant, tu cherches à
m'attirer dans un piège. Mais je ne me
laisserai pas faire. J'ai déjà vu le film… »

Suivit un grand bruit. Mme Levasseur
venait probablement de tomber dans
l'escalier, à cause des billes. À présent,
elle devait être allongée sur le sol,
inconsciente. Les extraterrestres devaient
l'entourer et la regarder avec leurs yeux
jaunes, surmontés de sourcils noirs, épais ;
les mêmes sourcils que l'homme, à la
télévision, qui s'avançait à pas de loup vers
la jeune femme…

Qu'est-il arrivé à Mme Levasseur ?

Adrien ne pouvait pas rester dans le grenier. Sa mère courait un grand danger. Il fallait la secourir. Il sortit de sa cachette, se retrouva bientôt sur le palier, au sommet de l'escalier qui conduisait à la salle à manger.

Là, il ferma les paupières. Puis il commença à descendre les marches. Il avait chaud. Il transpirait. C'était tout de même la première fois qu'il rencontrait des créatures venues d'une autre planète.

– Ah, te voilà enfin ! fit sa mère. Mais ouvre donc les yeux ! Je viens de glisser sur une bille ! Heureusement que ces messieurs m'ont rattrapée, sans cela je me brisais les os…

Elle prit Adrien tout contre elle, l'embrassa dans le cou, lui raconta que sa voiture était tombée en panne. Elle lui avait téléphoné pour annoncer son retour plus tôt que prévu, mais il n'avait pas répondu. Elle était revenue en taxi.

— Je peux me servir de votre téléphone, madame ? dit une voix d'homme.

— Allez-y, monsieur, je vous en prie.

Adrien avait ouvert les yeux sans s'en rendre compte et regardait les deux messieurs. L'un et l'autre lui souriaient. Ils n'avaient pas de sourcils épais.

— Ce sont des géomètres, murmura Mme Levasseur à l'oreille de son fils. Ils m'ont dit qu'ils avaient sonné. Un coup de fil urgent à passer. La cabine du coin est en panne… Tu n'as pas eu peur ?

— Oh, non ! s'écria Adrien. De quoi veux-tu que j'aie peur ?

Il s'écarta de sa mère et s'approcha des instruments avec lesquels les géomètres prennent des mesures pour que les routes soient droites et planes.

— Veux-tu que je t'explique à quoi ça sert ? dit le grand homme mince.

— Moi, je veux bien que tu m'expliques pourquoi il y a des clous devant les fenêtres ! dit Mme Levasseur.

Adrien bredouilla qu'il avait voulu construire une cabane pour son chat.

— Ce n'est pas une raison pour ne jamais rien ranger, répliqua sa mère.

Il garda le silence. Cinq minutes plus tard, tous étaient réunis autour d'une boisson chaude. Adrien se demanda comment il avait pu imaginer des voleurs, des extraterrestres…

Les géomètres se levèrent pour prendre congé. L'un d'eux offrit même à Adrien de venir le chercher un mercredi, pour l'emmener visiter un grand chantier.

Qu'est-ce que Mme Levasseur offre aux deux hommes ?

– C'est gentil, dit Mme Levasseur. Mais un jour où il ne pleuvra pas.

Les deux hommes s'éloignèrent en remerciant pour le téléphone et l'accueil chaleureux. Puis Mme Levasseur enfila son imperméable et annonça qu'elle ressortait pour aller au supermarché.

– Je ne serai pas longue, dit-elle. En attendant tu peux regarder un film à la télévision…

– Je préfère aller avec toi, dit Adrien. Je t'aiderai à pousser le caddie.

– Avec moi? Toi? Au supermarché? Mais tu détestes faire les courses…

– Je grandis, maman, je grandis…

1
il **frémit**
Il tremble
légèrement.

2
qui l'**intriguait**
Il l'étonnait,
l'inquiétait.

3
sourds à ses plaintes
Ils n'écoutaient pas
quand Adrien
se plaignait.

4
un **viseur**
Une petite lunette
qui permet de bien
voir la cible.

5
comploter
Se mettre ensemble
pour préparer un
mauvais coup.

6
un **cagibi**
Une toute petite
pièce sans fenêtre,
qui sert de placard.

7
pour **débusquer**
Pour faire sortir
Adrien de sa
cachette.

8
les **intrus**
Les personnes qui
n'ont pas le droit
d'entrer dans la
maison.

9
il **parvint à ses fins**
Il réussit à faire ce
qu'il voulait.

10
d'un pas
chancelant
Adrien a du mal
à tenir debout.

11
la **panique**
Une très grande
peur.

12
ils **brandissaient**
Ils tenaient à bout
de bras.

13
des **ruses**
Des astuces qu'on
utilise pour
tromper quelqu'un.

14
**tromper leur
vigilance**
Attirer leur
attention ailleurs.

15
il **se ressaisit**
Il retrouva son
calme.

16
un **amoncellement**
Un tas.

17
inconsciente
Évanouie.

7-8 ans

Les autres titres de la collection

Tu es un super-lecteur
si tu as trouvé ces 11 bonnes réponses.

21, 25, 26, 30, 34.

14, 15, 16,

4, 7, 8,

Maquette Jean Yves Grall, mise en page Atelier JMH

Imprimé en France par Pollina, 85400 Luçon - n° 73959-A
Dépôt légal n° 16516 - Février 1998